인지건강 증진을 위한
두뇌 훈련

탑클래스 두뇌발전소

▶ 탑클래스
두뇌발전소
유튜브

탑클래스 두뇌발전소는 심신의학을 바탕으로 현대인들의 각종 두뇌 질환 및 건강한 두뇌 개발에 도움이 되고자 유튜브 채널 '탑클래스 두뇌발전소'를 운영하고 있다. 기억력, 집중력, 관찰력, 판단력, 언어능력 등 다양한 분야의 두뇌 훈련을 위한 두뇌 게임을 비롯하여, 명상을 통한 두뇌 휴식법, 알면 도움 되는 유익한 건강 정보 등 약 1000개의 영상을 업로드하며 활동 중이다. 고령화 시대에 세계적으로 사회적 문제가 되고 있는 치매를 예방하기 위해, 두뇌 훈련 후 두뇌 휴식을 병행하는 프로그램을 고안하여, 따라 하면 누구나 스스로 치매를 예방할 수 있도록 하고 있다. 6만 명을 바라보는 구독자와 누적 조회 2100만 뷰를 넘기며, 더 많은 이들에게 바른 두뇌 건강법을 전달하기 위해 열정으로 노력하는 중이다. 즐거운 마음의 강력한 치유력을 믿는 탑클래스 두뇌발전소는 앞으로도 많은 이들이 즐거운 마음으로 치매 없는 삶을 영위할 수 있도록 최선을 다할 것이다.

대한치매협회

2016년 8월 네이버 밴드 '치매이야기'로 출발하여 치매로부터 자유로운 세상, 치매가 있어도 불편하지 않은 세상, 행복하고 존엄한 노년이 보장되는 세상을 만들고자 2019년 1월 대한치매협회를 정식 발족하였다. 가르치고 배우면서 서로 성장한다는 교학상장(敎學相長)을 모토로 치매아카데미, 역량강화학교, 치매예방학교, 치매전문학교, 웰에이징학교, 웰다잉학교, 장기요양학교, 시니어비즈니스학교, 특별양성학교, 디지털역량강화학교, 심리상담학교, 치매예방마술, 역사인문학교실, 독서클럽, 연구분과, 자격과정 등의 각종 프로그램을 운영하였다. 치매 환자와 가족이 안심하고 살아갈 수 있는 인적·물적 환경을 조성하여 지역사회돌봄(커뮤니티케어)을 구축하고자 치매와 고령사회에 대한 양질의 정보를 제공하고 있으며, 온/오프라인 교육 및 학술 활동을 통한 치매 전문인력 양성, 배움과 나눔을 통한 치매에 대한 올바른 이해와 치매 인식개선 활동, 회원 간/기관 간/지역 간의 네트워크 강화와 활성화, 치매예방·치매돌봄·치매치료에 대한 비의료적 개입의 연구개발 및 보급에 적극적으로 임하고 있다.

치매이야기(고령사회) 밴드	http://band.us/@dementia
대한치매협회 홈페이지	http://www.dementia.kr
채널 모음	https://linktr.ee/k_dementia

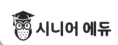
시니어 에듀

인지건강 증진을 위한

두뇌 훈련

탑클래스 두뇌발전소·대한치매협회 공저

② 가을편

동양북스

요즘 주변을 돌아보면, 단순 건망증에도 '혹시 내가 치매는 아닐까?' 염려하는 사람들이 많습니다. 자연스러운 노화 현상인 기억력 감퇴나 신체 기능 저하일 수 있음에도 미리 걱정하고 두려워하는 이유는, 치매가 아직 발병 원인조차 명확히 밝혀지지 않은, 완치할 수 없는 병이기 때문입니다. 이는 치매 예방의 중요성이 강조되는 이유이기도 합니다.

치매를 예방하고 건강하게 두뇌를 발전시키기 위해서는 꾸준한 훈련을 통해 두뇌 세포를 활성화하고, 바른 휴식법으로 두뇌 능력을 강화하는 것이 중요합니다. 그리고 이러한 훈련에 앞서 무엇보다 중요한 것은, 하루하루 건강하게 변화하는 두뇌를 생각하며 즐거운 마음으로 훈련과 휴식에 임하는 것입니다. 이러한 즐거운 마음가짐은, 언제 나에게 올지 모를 치매에 대비하기 위해 노력한다는 마음가짐보다 훨씬 강력한 치유 효과를 발휘합니다.

이 책은 치매 예방의 핵심이 되는 두 가지, 두뇌 훈련(게임)과 두뇌 휴식(명상)을 중점으로 구성하여 두뇌 강화 효과가 극대화될 수 있도록 하였습니다.

첫 번째, 25가지 재밌는 두뇌 게임으로 이루어진 두뇌 훈련은, 반복과 집중을 통해 뇌에 건강한 자극을 줌으로써 신경세포의 기능을 향상하고, 세포 간 연결망인 시냅스를 활성화합니다. 기억력, 집중력, 관찰력, 판단력, 언어 능력, 계산 능력 등 인지 능력이 재밌는 게임을 하는 동안 체계적으로 발달할 수 있도록 구성하였습니다. 아름다운 색상의 예쁜 그림들로 이루어진 게임을 꾸준히 하다 보면 마음이 밝아지고, 힐링 되어 두뇌 건강 증진에 많은 도움이 됩니다.

두 번째, 쉬어가기 코너에 구성된 명언 명상으로 두뇌 휴식을 하면, 두뇌 훈련의 효과를 최대화할 수 있습니다. 처음 명상을 접하는 분도 천천히 순서대로 따라 하며 5분이라도 꾸준히 실천하면, 두뇌 휴식의 효과를 볼 수 있습니다. 출렁이는 물결이 잦아들면 고요해진 물속이 깨끗이 보이듯, 바른 휴식을 통해 잡념이 쉬어지면 두뇌의 모든 능력은 저절로 향상됩니다.

교재는 매월 1권, 총 12권으로 이루어져 있습니다. 봄, 여름, 가을, 겨울, 계절별로 두뇌 훈련 프로그램이 마무리될 수 있도록 구성하여, 성취감을 느끼며 두뇌 훈련을 지속할 수 있습니다. 총 25종류의 두뇌 게임과 추가적인 부가 활동이 수록되어 있어, 재밌게 게임을 하다 보면 자연스럽게 다방면의 인지 능력을 고루 향상하고, 한층 더 강화할 수 있습니다. 한 권의 책 안에서 난이도 조절을 통해 효율적으로 두뇌 능력을 개선할 수 있도록 유의하였습니다.

탑클래스 두뇌발전소는 두뇌 건강의 근본이 되는 심리적 치유와 함께 효과적으로 두뇌 능력을 향상하는 방법들을 모색하고, 연구해 오고 있습니다. 두뇌 게임을 통한 두뇌 훈련 후 휴식(명상)을 함으로써 두뇌 강화 효과를 극대화하는 프로그램을 고안하는 등 지속적인 연구를 거듭하며 치매 예방 및 모든 연령대의 두뇌 개발에 도움이 되길 바라는 마음을 담아 유튜브 채널 '탑클래스 두뇌발전소'를 운영하고 있습니다.

이 책을 작업하며, 치매로부터 자유로운 세상이 되길 바라는 희망을 나눌 수 있어 뜻깊고, 보람된 시간이었습니다. 좋은 기회를 제안해 주신 대한치매협회 조범훈 회장님과 협회 강사님들께 감사드리며, 이 교재의 출간이 많은 분들께 치매 없이 건강하고, 심신의 행복이 충만한 삶의 초석이 될 수 있기를 바랍니다.

탑클래스 두뇌발전소

이제 우리나라는 노인 1천만 명, 치매 환자 1백만 명 시대를 맞이하고 있습니다. 2000년 고령화 사회(aging society: 7%)에서 2017년 고령사회(aged society: 14%)를 거쳐, 이제 초고령사회(super aged society: 20%)에 진입했습니다.

고령화에 따라 많아지고 있는 치매는 뇌의 인지기능에 문제가 발생하는 대표적인 질환이라고 할 수 있습니다. 치매는 여러 가지 다양한 원인으로 뇌기능이 손상되어 후천적으로 인지력에 문제가 생기는 질환입니다. 노년에 가장 두려워하는 질환이 치매라고 합니다.

인간에게 가장 중요한 기능 중 하나는 '인지(認知, cognition) 능력'이라고 할 수 있습니다. 사람에 따라서 조금씩 다를 수는 있겠지만 나이가 들어감에 따라 인지기능은 노화과정과 더불어 점차 감퇴하는 경향이 있습니다.

인지력 저하가 되지 않도록 예방하는 것이 무엇보다 중요하며, 만약 치매에 걸렸다면 진행 속도를 최대한 늦추는 것이 필요합니다. 이를 위해서는 적극적이고 꾸준한 두뇌 활동을 해야 합니다. 용불용설(用不用說), 뇌는 자극하고 사용하면 사용할수록 더 건강해질 수 있기 때문입니다.

치매가 진단되어 어려움을 겪는 어르신들은 물론, 인지기능이 약해지신 분들, 건강한 어르신들의 평소 꾸준하고 적극적인 두뇌 활동을 통해 뇌의 예비용량을 키워두면 인지 건강을 유지, 향상할 수 있습니다.

본 교재는 舊노년뿐만 아니라 베이비부머 등 新노년의 눈높이에 맞는 세련되고 신세대적 감각의 디자인으로 춘하추동, 봄/여름/가을/겨울 4계절을 주제로 하는 내용과 그림으로 구성하였습니다.

치매로부터 자유로운 세상, 치매가 있어도 불편하지 않은 세상, 행복하고 존엄한 노년이 보장되는 세상이 되기를 희망합니다.

대한치매협회 회장 / 치매이야기 대표

조범훈 사회복지학 박사

 **1주**

 **2주**

1 지남력 퀴즈 010

2 순서 맞히기 011

3 다른 그림 찾기 013

4 낱말 찾기 014

5 숫자 빨리 짚기 015

6 숨은 그림 찾기 016

7 끝말잇기 018

8 도형 추리 019

9 서로 다른 곳 찾기 020

10 낱말 찾기 022

11 시간 계산 놀이 023

12 같은 그림 찾기 024

13 끝말잇기 025

14 없는 수 찾기 026

15 다른 그림 찾기 027

상상만으로 근육을 키운다? 028

1 지남력 퀴즈 032

2 그림자 찾기 033

3 다른 그림 찾기 034

4 낱말 찾기 035

5 숨은 그림 찾기 036

6 숫자 빨리 짚기 038

7 관찰 퀴즈 039

8 낱말 퀴즈 041

9 서로 다른 곳 찾기 042

10 낱말 찾기 044

11 돈 계산 퀴즈 045

12 같은 그림 찾기 046

13 끝말잇기 047

14 다른 그림 찾기 048

15 순서 맞히기 049

두뇌 휴식을 위한 명언 명상 051

차례

3주

① **지남력 퀴즈** 054

③ **순서 맞히기** 055

③ **다른 그림 찾기** 057

④ **낱말 찾기** 058

⑤ **숫자 빨리 짚기** 059

⑥ **숨은 그림 찾기** 060

⑦ **끝말잇기** 062

⑧ **도형 추리** 063

⑨ **서로 다른 곳 찾기** 064

⑩ **낱말 찾기** 066

⑪ **시간 계산 놀이** 067

⑫ **같은 그림 찾기** 068

⑬ **끝말잇기** 069

⑭ **없는 수 찾기** 070

⑮ **다른 그림 찾기** 071

치매를 의심할 수 있는 5가지 징후 072

4주

① **지남력 퀴즈** 076

② **그림자 찾기** 077

③ **다른 그림 찾기** 078

④ **낱말 찾기** 079

⑤ **숨은 그림 찾기** 080

⑥ **숫자 빨리 짚기** 082

⑦ **관찰 퀴즈** 083

⑧ **낱말 퀴즈** 085

⑨ **서로 다른 곳 찾기** 086

⑩ **낱말 찾기** 088

⑪ **거리 계산 퀴즈** 089

⑫ **같은 그림 찾기** 090

⑬ **끝말잇기** 091

⑭ **다른 그림 찾기** 092

⑮ **순서 맞히기** 093

두뇌 휴식을 위한 명언 명상 095
색칠하기 097

★ **정답** 100

1주

교재와 함께 즐기는
〈탑클래스 두뇌발전소〉 유튜브 두뇌 건강 게임

지각력과 집중력을 높이는
다른 그림 찾기

시공간 능력과 관찰력을 향상시키는
숨은 그림 찾기

연도를 알아봐요

안녕하세요! 두뇌를 건강하게 해 주는 즐거운 두뇌 훈련을 하러 오셨군요. 저도 재밌게 훈련한 지 어느덧 1년이 되었어요.

올해는 몇 연도인가요?
당신이 태어난 연도는 언제인가요?

올해 연도 _____ 년

내가 태어난 연도 _____ 년

2 순서대로 기억해 봐요

기억력

🌰 <u>아래 그림을 순서대로 잘 기억해 주세요. 뒷장에 퀴즈가</u>
<u>있습니다.</u>

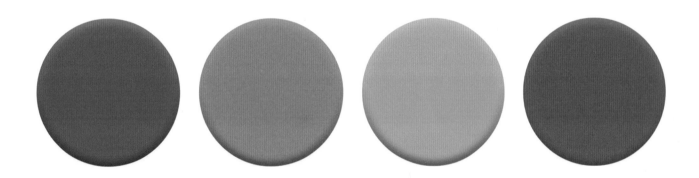

《어?》 20초가 지났어요. 천천히 페이지를 넘겨 보세요.

11

앞서 관찰한 그림을 순서대로 잘 배열한 것은 어느 것일까요?

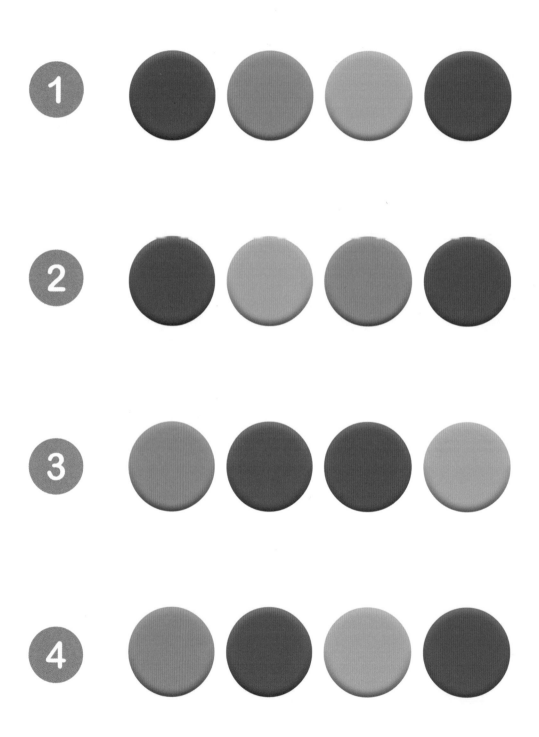

3 다른 그림을 찾아봐요

고소하고 달콤한 밤이 있어요. 다른 그림 한 개를 찾아 ○해 보세요.

다른 그림의 어느 부분이 어떻게 다른지 말해 봐요.

🌰 알록달록 예쁜 낙엽 속에 낱말 한 개가 숨어 있어요. 동물 이름 낱말 한 개를 찾아 써 보세요.

동물 이름: _____

🌰 1~12의 수가 있습니다. 작은 수부터 순서대로 빠른 시간 내에 짚어 보세요.

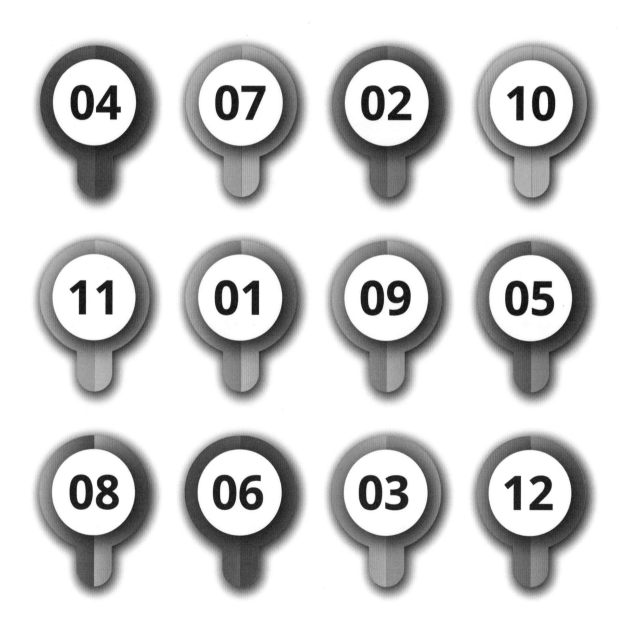

🌰 색이 화려한 멋진 도자기들이 많이 있어요. 아래 도자기와 같은 것을 오른쪽 페이지에서 찾아 ○해 보세요.

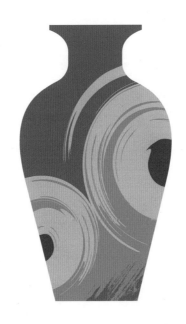

🌰🌰 아래와 같은 모양의 도자기를 오른쪽 페이지에서 찾아 색이 없는 부분을 똑같이 칠해 봐요.

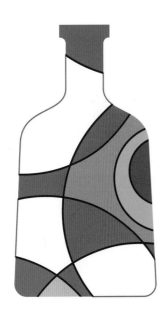 

낱말의 끝말을 이어 봐요

제시어를 보고 화살표를 따라 끝말잇기를 해 보세요.
순서대로 빈칸을 채워 보세요.

8 도형을 맞혀 봐요

🌰 보기에 6개 도형이 있습니다. 아래 회색 도형은 보기에 있는 어떤 도형이 합쳐진 걸까요?

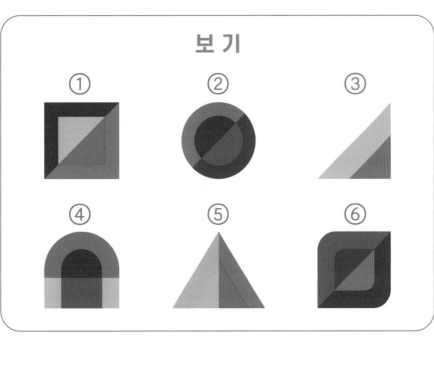

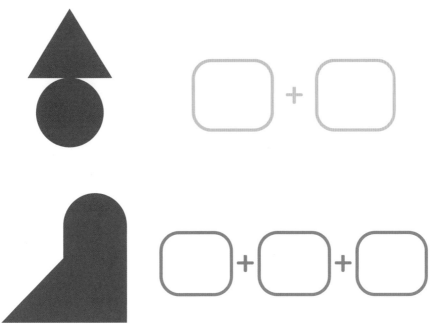

9 서로 다른 곳을 찾아봐요

🌰 밭에서 호박과 옥수수를 많이 수확했어요. 서로 다른 두 곳을 찾아 ○해 보세요.

양쪽 그림에 있는 호박은 모두 몇 개인가요?

10 숨은 낱말을 찾아봐요

낱말 찾기

언어력

🌰 노랗고 멋진 은행나무 가로수 속에 낱말 한 개가 숨어 있어요.
세 글자로 이루어진 채소 이름 한 개를 찾아 써 보세요.

세 글자 채소 이름: _____

보 기

30분후

🌰 보기와 같이 30분 후를 가리킨 시계는 몇 번인가요?

① ② ③ ④

🌰🌰 시간을 계산하여 정답을 그려 보세요.

45분후

23

12 같은 그림을 찾아봐요

🌰 편하게 앉을 수 있는 다양한 색과 모양의 의자가 있어요.
같은 의자 두 개를 찾아 ○해 보세요.

🌰 제시어를 보고 끝말잇기를 이어 가 보세요. 빈칸을 채워 보세요.

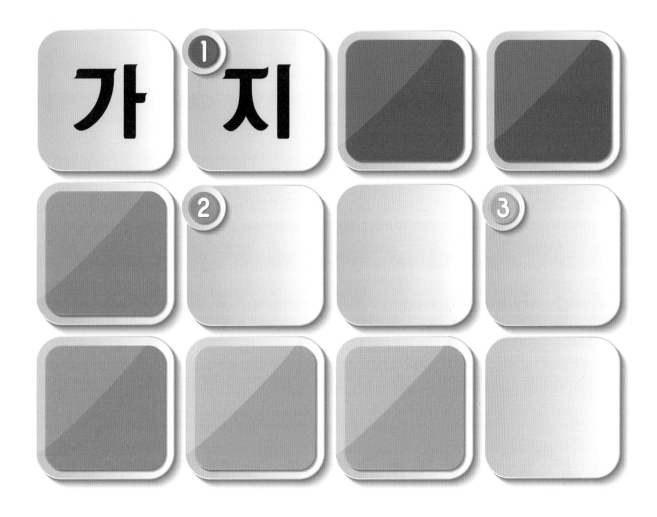

가 지 ①

②

③

🌰🌰 가지와 같은 철에 나는 채소 종류 한 가지를 말해 봐요.

🌰 11~23의 수가 있어요. 없는 수 한 개를 찾아보세요.

11 12 13 14

15 16 17 18

19 20 21 23

 짝수는 모두 몇 개인가요?

26

다른 그림을 찾아봐요

🌰 알록달록 무지개색 예쁜 장난감이 있어요. 다른 장난감 한 개를 찾아 ○해 보세요.

🍂 무지개색을 순서대로 말해 봐요.

상상만으로
근육을 키운다?

미국 클리블랜드 클리닉의 운동심리학자 광예 박사는 아주
흥미로운 실험을 진행합니다.

박사는 실험 참가자들에게 다음과 같이 말했습니다.

"상상으로 새끼손가락을 구부리고 펴는 운동을
매일 15분씩 해 주세요."

참가자들은 대부분 상상으로 무슨 운동 효과가 있겠냐고
생각했지만, 손가락을 구부리고 펴는 상상을 4개월간 실천한
결과는 놀라웠습니다. 참가자들의 손가락 근력이 평균 35%나
강화된 것입니다.

팔꿈치를 구부렸다 펴는 상상 운동을 한 참가자도
마찬가지였습니다. 참가자의 팔꿈치 근육이 평균 13.5%
증가했습니다. 실제 몸은 조금도 움직이지 않고, 상상만으로
근육이 강화된 것입니다.

다른 여러 실험에서도 마찬가지였습니다.

영국 BBC의 의학 프로그램에서는 참가자들이 운동기구를
이용해 하체 운동을 하는 상상을 하도록 하였습니다. 참가자들은
일주일에 5회 15분씩 1개월간 상상으로 운동을 하였고, 그
결과 근력이 평균 8% 정도 개선되었습니다. 한 여성 참가자는

33%까지 근력이 좋아진 경우도 있었습니다.

어떻게 상상하는 것만으로 몸이 변하는 것일까요?

우리의 뇌는 내가 상상하는 대로 그것을 현실과 구분하지

않고 받아들여 생리작용을 낳기 때문입니다. 내가

팔다리를 움직이는 상상을 하면 그 부분을 관장하는 뇌의

영역이 활성화되어 실제로 움직이는 효과를 나타내고, 뇌는

다시 근육을 자극하게 되는 것입니다.

상상만으로 몸이 변하는 것은 일상에서 우리가 종종 경험하는

것으로, 레몬이나 매실처럼 신 것을 먹는 상상을 하면 입에 침이

고이고, 긴장되고 당황스러운 순간을 떠올리면 심장이 빨리 뛰고

손에 땀이 나기도 합니다.

상상 즉, 마음으로 몸을 변화시키는 것은 특별한 능력이 아닌

우리 모두의 일반적인 기능인 것입니다.

2주

교재와 함께 즐기는
〈탑클래스 두뇌발전소〉 유튜브 두뇌 건강 게임

관찰력과 주의력을 향상시키는
서로 다른 곳 찾기

판단력과 집중력을 높이는
같은 그림 찾기

🌰 저는 오늘 날씨가 좋아서 건강을 위해 등산을 왔어요.

당신이 지금 있는 그곳에 온 이유는 무엇인가요?

내가 온 이유 _____

🌰 보기 속 얼룩말 그림에 해당하는 그림자를 찾아보세요.
몇 번인가요?

보 기

① ② ③ ④

다른 그림을 찾아봐요

🌰 캠핑을 가기 위해 분홍색 가방을 준비했어요. 다른 가방 두 개를 찾아 ○해 보세요.

🍂 다른 두 그림의 어느 부분이 어떻게 다른지 말해 봐요.

4 숨은 낱말을 찾아봐요

언어력

🌰 멋진 가을 풍경 속에 낱말 한 개가 숨어 있어요. 새 이름 낱말 한 개를 찾아 써 보세요.

새 이름: _____

🌰 아이의 방에 많은 물건이 있어요. 아래와 같은 물건을 오른쪽 페이지에서 찾아 ○해 보세요.

🌰🌰 숫자 옆의 점들을 작은 수부터 순서대로 이어서 그림을 완성해 보세요.

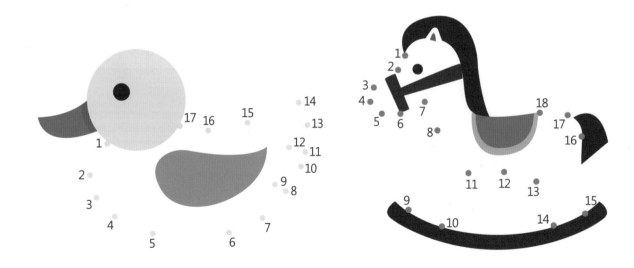

🌰 1~9의 수가 있습니다. 작은 수부터 순서대로 빠른 시간 내에 짚어 보세요.

1	5	칠
넷	9	삼
여덟	2	육

🌰 아래 그림을 잘 관찰해 주세요. 뒷장에 퀴즈가 있습니다.

1번지

2번지

3번지

4번지

 60초가 지났어요. 천천히 페이지를 넘겨 보세요.

🔍 **퀴즈** 앞서 관찰한 가게들 중 아래의 커피와 음료를 사려면
어느 가게로 가야 하나요?

① 1번지

② 2번지

③ 3번지

④ 4번지

🌰 주어진 힌트를 참고하여 낱말을 완성해 보세요.

1. 빈칸을 채워 보세요. 힌트 : 채소 이름

토 □ 토

2. 빈칸을 채워 보세요. 힌트 : 동물 이름

원 □ 이

3. 빈칸을 채워 보세요. 힌트 : 꽃 이름

해 □ 라 □

9 서로 다른 곳을 찾아봐요

🌰 귀여운 고양이들이 모여서 놀고 있어요. 서로 다른 두 곳을 찾아 ○해 보세요.

양쪽 그림에 있는 안경을 쓴 고양이는 모두 몇 마리인가요?

🌰 멋진 단풍이 펼쳐진 풍경 속에 낱말 한 개가 숨어 있어요.
명절과 관련된 낱말 한 개를 찾아 써 보세요.

명절과 관련된 낱말: _____

11 식사비를 계산해 봐요

🌰 가족들이 함께 중국음식점에 식사를 하러 왔어요.
짜장면 한 그릇, 짬뽕 한 그릇, 탕수육 한 접시를 주문했습니다.
모두 얼마인가요?

--- 메 뉴 판 ---

짜장면 6,000원

짬 뽕 8,000원

우 동 8,500원

탕수육 20,000원

TOP반점

총금액: _____ 원

🌰 알록달록 귀여운 책 캐릭터가 많이 있어요. 같은 캐릭터 두 개를 찾아 ○해 보세요.

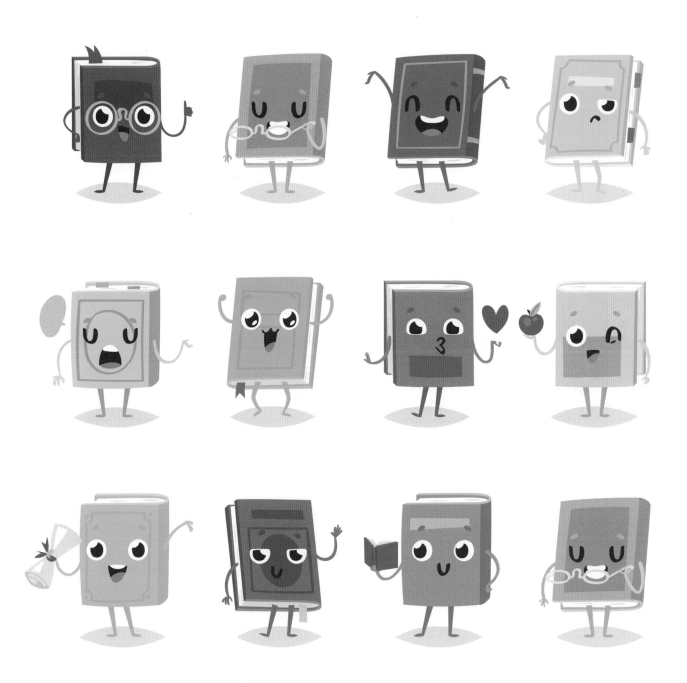

🌰 제시어를 보고 화살표를 따라 끝말잇기를 해 보세요. 순서대로
빈칸을 채워 보세요.

호박

🌰 익숙한 표지판이 여러 개 있어요. 다른 표지판 두 개를 찾아 ○해 보세요.

🍃 이 표지판은 무엇을 뜻하나요?

15 순서대로 기억해 봐요

🌰 아래 그림과 순서를 잘 관찰하여 기억해 주세요.
뒷장에 퀴즈가 있습니다.

💬 20초가 지났어요. 천천히 페이지를 넘겨 보세요.

퀴즈 앞서 관찰한 그림을 순서대로 잘 배열한 것은 어느 것일까요?

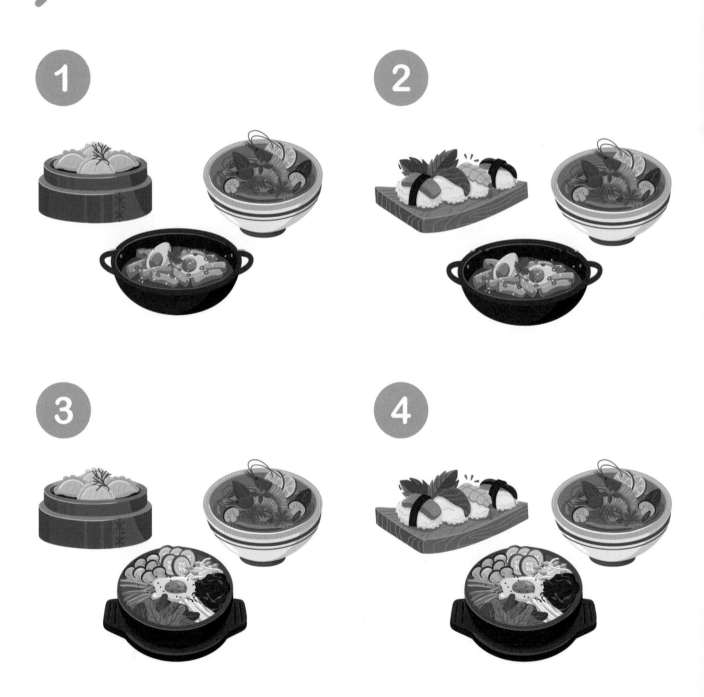

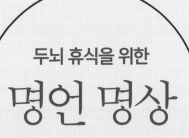

두뇌 휴식을 위한

명언 명상

명언 명상은 자연의 소리와 함께
명언을 들으며 두뇌를 휴식하는 명상입니다.
방안의 불을 켜면 어둠은 자연히 일시에 사라지듯,
명언을 3번 반복해서 듣는 동안 마음은 밝아지고, 편안해집니다.
명상을 하면 뇌파는 알파파, 세타파로 변하여
통찰력, 기억력 등 모든 두뇌의 능력이 향상됩니다.

🪷 명상하기

1

편안한 자세로 척추를 펴고 앉습니다.
허리와 어깨의 긴장을 풀어 봅니다.
앉는 자세가 힘드신 분은 눕거나
기대서도 좋습니다. 누워서 하시는
분은 잠들지 않도록 유의합니다.

2

고개를 앞, 뒤, 좌우로 천천히 돌려
목의 긴장을 풉니다. 눈을 살며시 감고,
눈썹과 눈썹 사이 미간의 긴장을
풀어 봅니다.

3

온몸을 편안하게 이완하는 심호흡을
해 봅니다. 코로 숨을 깊이 들이쉬고,
입으로 숨을 천천히 내쉽니다.
코로 숨을 들이쉴 때는 아랫배가
나오고, 입으로 숨을 내쉴 때는
아랫배가 들어갑니다. 3번 반복합니다.
심호흡 후엔 자연스럽게 호흡합니다.

4

자연의 소리와 함께 명언을 들으며
휴식해 봅니다. 명언을 들을 때
잡념으로 인해 집중되지 않더라도
상관하지 않습니다. 알아차리는 순간,
다시 명언을 듣는 데 집중할 뿐 따로
생각을 없애려 하지 않습니다.

5

명언을 기억하려 노력하지
않아도 됩니다. 3번 반복을
통해 지혜는 밝아지고,
자연히 두뇌가 휴식합니다.

6

처음엔 하루 1개의 명언 명상도
좋습니다. 내가 부담 없이 편안히 할 수
있는 시간부터 조금씩 늘려 갑니다.
한 번에 긴 시간을 불규칙적으로
하기보다 매일 짧은 시간이라도
규칙적으로 하는 것이 더 효과적입니다.

오늘의 명언

승자는 패자보다 훨씬 많은 실수를 저지른다.

그것이 바로 승자들이 이길 수 있는 비결이다.

승자는 꼴찌를 해도 의미를 찾지만,

패자는 오직 일등을 했을 때만 의미를 찾는다.

승자는 일곱 번 쓰러져도 여덟 번 일어서고,

패자는 쓰러진 일곱 번을 낱낱이 후회한다.

승자는 지는 것을 두려워하지 않지만,

패자는 이기는 것도 은근히 염려한다.

– 잠언

3주

교재와 함께 즐기는
〈탑클래스 두뇌발전소〉 유튜브 두뇌 건강 게임

기억력과 주의집중력을 높이는
기억력 게임

언어력과 기억력을 강화하는
초성 게임

1 가족과 친구를 소개해 봐요

🌰 저에게는 행운이와 다행이라는 친한 친구가 있어요.

당신의 가족과
친한 친구 이름을
소개해 주세요.

나의 가족 _____

나의 친구 _____

순서대로 기억해 봐요

기억력

 순서 맞히기

🌰 아래 숫자와 순서를 잘 관찰하여 기억해 주세요.
뒷장에 퀴즈가 있습니다.

795

 20초가 지났어요. 천천히 페이지를 넘겨 보세요.

앞서 관찰한 숫자를 순서대로 잘 배열한 것은 어느 것일까요?

① 792

② 792

③ 795

④ 795

다른 그림을 찾아봐요

🌰 멋진 금빛 왕관이 있어요. 다른 왕관 한 개를 찾아 ○해 보세요.

🍃 세종대왕의 가장 큰 업적 한 가지를 말해 봐요.

🌰 멋진 가을 풍경 속에 낱말 한 개가 숨어 있어요.
채소 이름 낱말 한 개를 찾아 써 보세요.

채소 이름: _____

5 수를 순서대로 짚어 봐요

숫자 빨리 짚기

🌰 <u>1~16의 수가 있습니다. 큰 수부터 순서대로 빠른 시간 내에 짚어 보세요.</u>

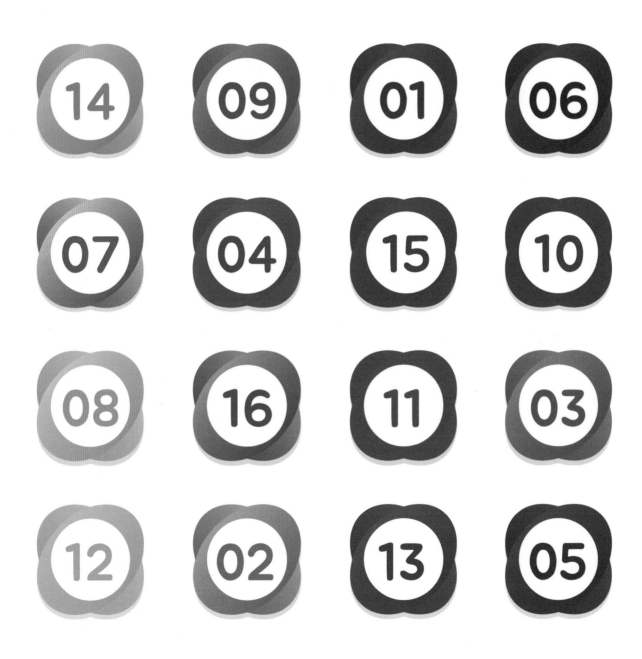

🌰 다양한 모양의 예쁜 슬리퍼가 많이 있어요. 아래 슬리퍼와 같은 것을 오른쪽 페이지에서 찾아 ○해 보세요.

🌰🌰 아래와 같은 슬리퍼를 오른쪽 페이지에서 찾아 색이 없는 부분을 똑같이 칠해 봐요.

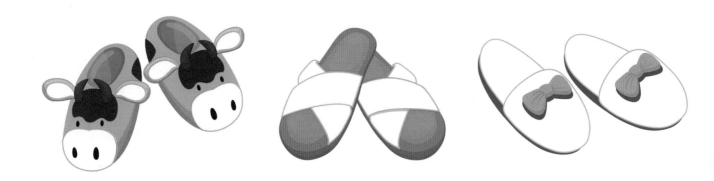

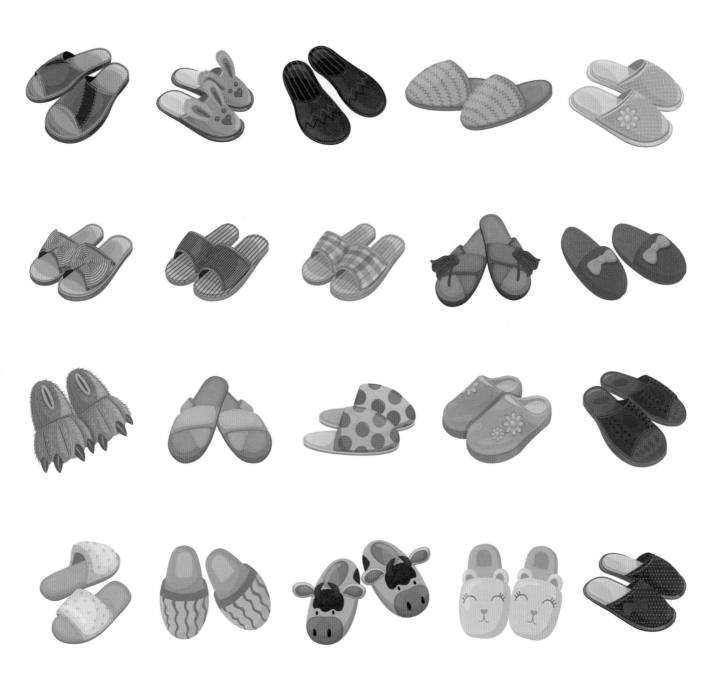

7 낱말의 끝말을 이어 봐요

🌰 제시어를 보고 끝말잇기를 이어 가 보세요. 빈칸을 채워 보세요.

🌰🌰 최근에 있었던 다행한 일 한 가지를 말해 봐요.

도형을 맞혀 봐요

🌰 보기에 6개 도형이 있습니다. 아래 회색 도형은 보기에 있는 어떤 도형이 합쳐진 걸까요?

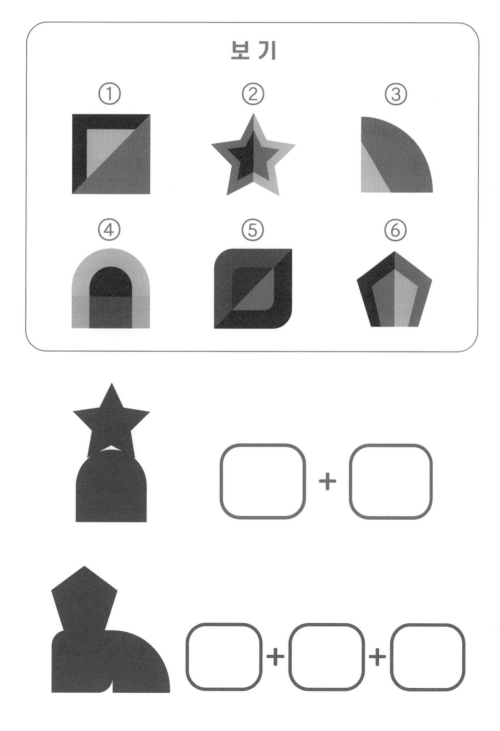

보 기

① ② ③
④ ⑤ ⑥

☐ + ☐

☐ + ☐ + ☐

9 서로 다른 곳을 찾아봐요

🌰 친구들과 함께 가을 여행을 하며 사진을 찍고 있어요.
서로 다른 두 곳을 찾아 ○해 보세요.

가장 기억에 남는 여행을 말해 봐요.

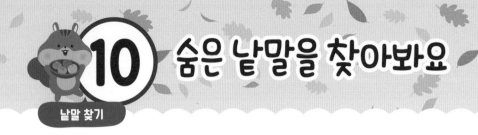
🌰 예쁜 코스모스 사진 속에 낱말 한 개가 숨어 있어요.
세 글자로 된 동물 이름 한 개를 찾아 써 보세요.

세 글자 동물 이름: ＿＿＿＿＿＿＿＿＿＿＿＿＿＿

보 기

1시간 20분후

🌰 보기와 같이 1시간 20분 후를 가리킨 시계는 몇 번인가요?

① ② ③ ④

🌰🌰 시간을 계산하여 정답을 그려 보세요.

2시간 10분후

12 같은 그림을 찾아봐요

🌰 다양한 모양과 색의 도형이 많이 있어요. 같은 도형 두 개씩 두 쌍을 짝지어 보세요.

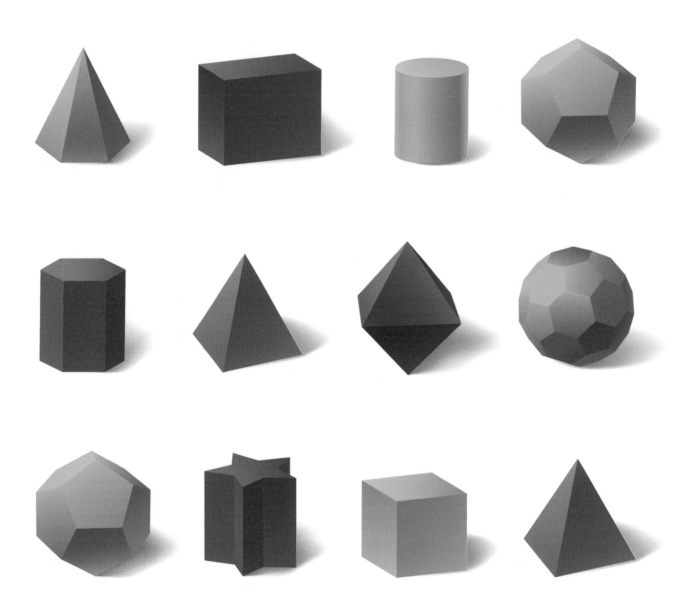

🌰 제시어를 보고 화살표를 따라 끝말잇기를 해 보세요.
순서대로 빈칸을 채워 보세요

회 전

🌰 31~48의 수가 있어요. 없는 수 두 개를 찾아보세요.

31 32 33 34

35 36 37 38

39 41 42 43

44 45 47 48

🍂 두 개의 답 중 큰 수에서 작은 수를 빼면 얼마인가요?

☐ − ☐ = ☐

다른 그림을 찾아보요

다른 그림 찾기

🌰 몸에도 좋고 맛도 좋은 양파가 많이 있어요. 다른 양파 그림 한 개를 찾아 ○해 보세요.

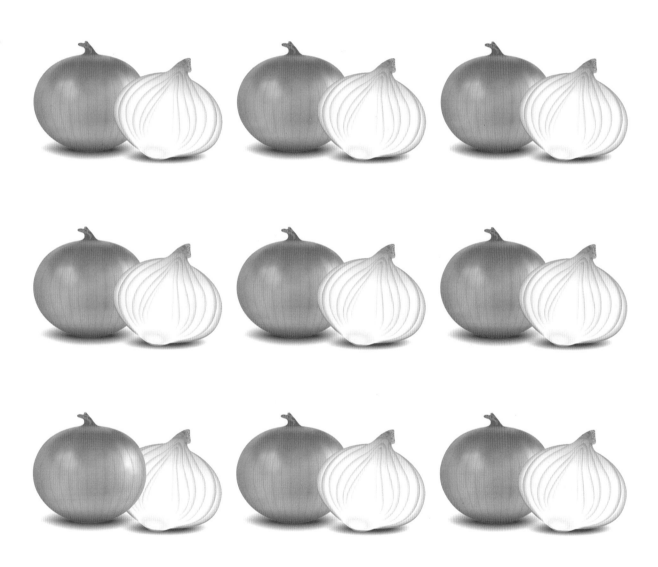

🍃 양파가 들어가는 음식을 아는 대로 말해 봐요.

치매를
의심할 수 있는
5가지 징후

1

일상생활에 영향을 줄 정도로 기억력이 저하됩니다.

최근의 경험이나 일을 기억하지 못하거나 같은 말을 반복해서 처음 하는 것처럼 되풀이하여 이야기합니다. 시간이나 장소를 혼동하여 자신이 어떻게 그 장소에 왔는지 기억하지 못할 수 있습니다. 물건을 엉뚱한 곳에 두고 다른 사람이 가져갔다고 원망하기도 합니다.

2

평소에 무리 없이 해내던 일도 마무리하지 못합니다.

익숙한 요리를 하거나 운전을 할 때도 이전보다 시간이 훨씬 많이 걸리고 집중하여 마무리짓는 데 어려움을 느낍니다. 숫자와 관련된 업무에 있어 이전과 다름을 느낄 수 있습니다. 이러한 변화를 느끼기 때문에 다른 사람과 어울리는 외부 활동을 꺼리는 경우가 많습니다.

3

기분과 성격이 수시로 변합니다.

자주 우울감을 느끼고, 남을 의심하여 불안해하거나 두려워하기도 합니다. 익숙하지 않은 환경에서는 기분이 급변할 수 있습니다.

4

판단력이 저하됩니다.

상황 판단이나 의사 결정에 어려움을 겪습니다. 터무니없는 가격으로 물건을 구매하여 금전적인 손해를 입고, 평소와 달리 몸이나 외모를 청결히 하지 않기도 하며, 남의 눈을 의식하지 못해 피해를 주는 행동을 하기도 합니다.

5

시력에 문제가 발생할 수
있습니다.

알츠하이머 치매의 첫 징후로 시력에
문제가 생기기도 합니다. 거리 판단,
색깔이나 명암의 구분, 읽기 등에
어려움이 생겨 운전할 때나 일상생활에
문제기 발생할 수 있습니다.

자연스러운 노화의 현상에서 오는
신체 기능 저하와 기억력 저하,
심리적 변화 등과 치매의 징후를
잘 구별하여 예방하는 것이
필요합니다.

4주

교재와 함께 즐기는
〈탑클래스 두뇌발전소〉 유튜브 두뇌 건강 게임

두뇌 건강을 증진하고 인지 능력을
고루 발달시키는
다양한 두뇌게임 모음

짧은 시간 안에 두뇌의 복합적 능력을
향상시키는
다양한 두뇌게임 심화버전 모음

🌰 저는 오늘 오후 1 시에 친구를 만나 점심 식사를 하기로 했어요.

오늘 나의 일정 _____

🌰 보기 속 사과 그림에 해당하는 그림자를 찾아보세요. 몇 번인가요?

보 기

① ② ③ ④

3 다른 그림을 찾아봐요

🌰 여러 대의 빨간 트럭이 달리고 있어요. 다른 트럭 두 대를 찾아 ○해 보세요.

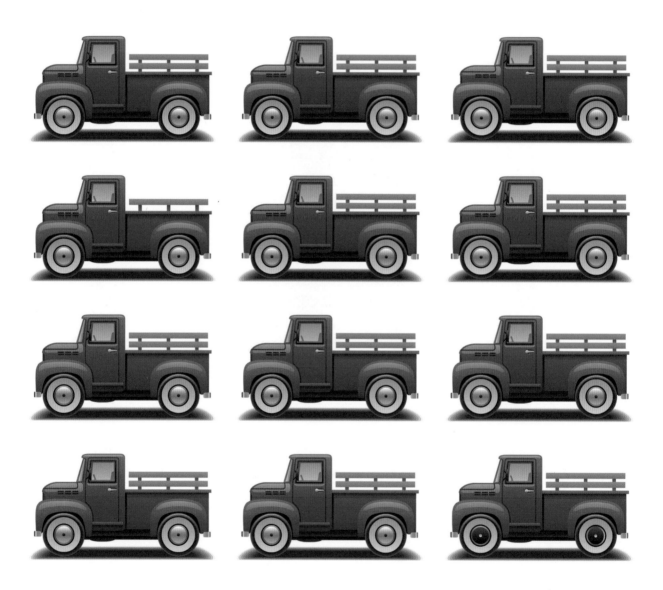

🍃 다른 두 트럭의 어느 부분이 어떻게 다른지 각각 말해 봐요.

4 숨은 낱말을 찾아봐요

낱말 찾기

언어력

🌰 멋진 풍경 속에 낱말 한 개가 숨어 있어요. 가을과 관련된
낱말 한 개를 찾아 써 보세요.

가을과 관련된 낱말: _____

🌰 고급스러운 액세서리가 진열되어 있어요. 아래 그림과 같은 것을 오른쪽 페이지에서 찾아 ○해 보세요.

🌰🌰 아래 그림은 어떤 것의 일부인지 해당하는 액세서리를 오른쪽 페이지에서 찾아보세요.

🌰 <u>1~12의 수가 있습니다. 작은 수부터 순서대로 빠른 시간 내에</u>
<u>짚어 보세요.</u>

 아래 그림을 잘 관찰해 주세요. 뒷장에 퀴즈가 있습니다.

October
PLANNER

일요일	월요일	화요일	수요일	목요일	금요일	토요일
	1 학원등록	**2**	**3**	**4**	**5**	**6**
7	**8**	**9**	**10**	**11**	**12**	**13** 등산모임
14	**15**	**16**	**17** 건강검진	**18**	**19**	**20**
21 아들생일	**22**	**23**	**24**	**25**	**26**	**27**
28	**29**	**30**	**31**			

 60초가 지났어요. 천천히 페이지를 넘겨 보세요.

 앞서 관찰한 달력의 일정 가운데 등산모임은 며칠 또는
무슨 요일일까요?

① **14일**

② **토요일**

③ **일요일**

④ **20일**

🌰 주어진 힌트를 참고하여 낱말을 완성해 보세요.

1. 빈칸을 채워 보세요. 힌트 : 동물 이름

호 □ 이

2. 빈칸을 채워 보세요. 힌트 : 채소 이름

완 □ 콩

3. 빈칸을 채워 보세요. 힌트 : 꽃 이름

코 □ 모 □

🌰 <u>예쁜 모양의 달달한 디저트가 많이 있어요. 서로 다른 세 곳을 찾아 ○해 보세요.</u>

양쪽 그림에서 초록색 잎으로 꾸며져 있지 않은 디저트는 모두 몇 개인가요?

🌰 단풍이 멋진 가을 풍경 속에 낱말 한 개가 숨어 있어요.
채소 이름 낱말 한 개를 찾아 써 보세요.

채소 이름: _____

🌰 건강이는 행운이 집에서 재밌는 두뇌 게임을 하며 놀았습니다.
즐거운 시간을 보낸 건강이는 20보를 걸어서 안심이 집에 들렀다가
40보를 걸어 한의원에 간 뒤, 100보를 걸어서 슈퍼마켓에 갔습니다.
맛있는 간식을 산 건강이는 40보를 걸어서 자기 집으로 돌아왔어요.

건강이는 모두 몇 보를 걸었나요?

_____ 보

같은 그림을 찾아봐요

같은 그림 찾기

🌰 다양한 모양의 등산 가방이 많이 있어요. 같은 그림 두 개씩 두 쌍을 짝지어 보세요.

13 낱말의 끝말을 이어 봐요

🌰 제시어를 보고 끝말잇기를 이어 가 보세요. 빈칸을 채워 보세요.

🌰🌰 계산을 잘하는 나만의 비법이 있나요? 있다면 말해 봐요.

🌰 요리에 사용하는 반죽기가 여러 개 있어요. 다른 반죽기 두 개를 찾아 ○해 보세요.

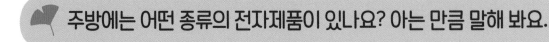

🍂 주방에는 어떤 종류의 전자제품이 있나요? 아는 만큼 말해 봐요.

순서대로 기억해 봐요

순서 맞히기

기억력

🌰 아래 그림의 순서를 잘 관찰하여 기억해 주세요. 뒷장에 퀴즈가 있습니다.

 40초가 지났어요. 천천히 페이지를 넘겨 보세요.

15 관찰한 것을 기억해 봐요

🔍 퀴즈 앞서 관찰한 그림을 순서대로 잘 배열한 것은 어느 것일까요?

두뇌 휴식을 위한
명언 명상

명언 명상은 자연의 소리와 함께
명언을 들으며 두뇌를 휴식하는 명상입니다.
방안의 불을 켜면 어둠은 자연히 일시에 사라지듯,
명언을 3번 반복해서 듣는 동안 마음은 밝아지고, 편안해집니다.
명상을 하면 뇌파는 알파파, 세타파로 변하여
통찰력, 기억력 등 모든 두뇌의 능력이 향상됩니다.

🪷 명상하기

1

편안한 자세로 척추를 펴고 앉습니다.
허리와 어깨의 긴장을 풀어 봅니다.
앉는 자세가 힘드신 분은 눕거나
기대셔도 좋습니다. 누워서 하시는
분은 잠들지 않도록 유의합니다.

2

고개를 앞, 뒤, 좌우로 천천히 돌려
목의 긴장을 풉니다. 눈을 살며시 감고,
눈썹과 눈썹 사이 미간의 긴장을
풀어 봅니다.

3

온몸을 편안하게 이완하는 심호흡을
해 봅니다. 코로 숨을 깊이 들이쉬고,
입으로 숨을 천천히 내쉽니다.
코로 숨을 들이쉴 때는 아랫배가 나오고,
입으로 숨을 내쉴 때는 아랫배가
들어갑니다. 3번 반복합니다.
심호흡 후엔 자연스럽게 호흡합니다.

4

자연의 소리와 함께 명언을 들으며
휴식해 봅니다. 명언을 들을 때
잡념으로 인해 집중되지 않더라도
상관하지 않습니다. 알아차리는 순간,
다시 명언을 듣는 데 집중할 뿐 따로
생각을 없애려 하지 않습니다.

5

명언을 기억하려 노력하지
않아도 됩니다. 3번 반복을
통해 지혜는 밝아지고,
자연히 두뇌가 휴식합니다.

6

처음엔 하루 1개의 명언 명상도
좋습니다. 내가 부담 없이 편안히 할 수
있는 시간부터 조금씩 늘려 갑니다.
한 번에 긴 시간을 불규칙적으로
하기보다 매일 짧은 시간이라도
규칙적으로 하는 것이 더 효과적입니다.

오늘의 명언

사람은 누구나 여러 번 좌절할 수 있지만,

다른 사람을 탓하지 않고

노력을 포기하지 않는 한

그 누구도 실패자라고 말할 수 없다.

– 존 버로스(John Burroughs)

좋아하는 색으로 그림을 칠하면서 고요하고 여유로운 시간을 즐겨 보세요.

가을에 대한 추억을 떠올리면서 그림을 색칠해 보세요.

가을에 대한 추억을 떠올리면서 그림을 색칠해 보세요.

어린 시절 꿈꾸었던 동화 속 주인공이 되어 그림을 색칠해 보세요.

2

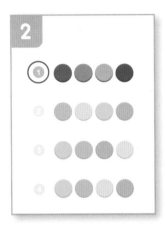

3

4 🌰 여우

6

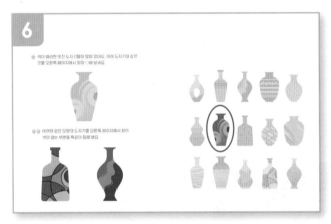

7 🌰 사진기 → 기자 → 자연 등

8

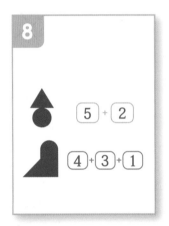

9 🌰🌰 13개

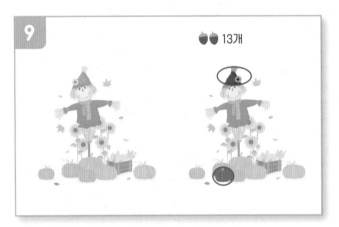

10 🌰 고구마

11

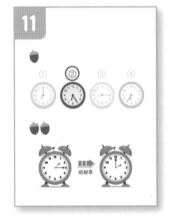

12

13 🌰 ① 지붕 ② 붕어빵 ③ 빵집 등

🌰🌰 토마토, 고추, 옥수수 등

14 🌰 22

11 12 13 14
15 16 17 18
19 20 21 23

🍂 5개

15

🍂 빨강 - 주황 - 노랑 - 초록 - 파랑 - 남색 - 보라

2

3

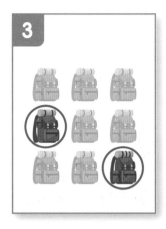

4 🌰 독수리

5

7

① 1번지
② 2번지
③ 3번지
④ 4번지

8

1. 토 마 토
2. 원 중 이
3. 해 배 라 기

9 🌰🌰 4마리

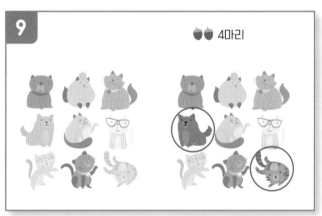

10 🌰 한복

11

6,000 + 8,000 + 20,000
= 34,000원

12

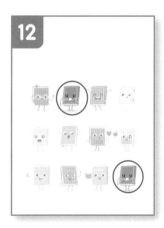

13 🌰 박수 → 수영장 → 장소 등

호박
박수
수영장
장소

14

🖐 보행금지

15

2

① 792
② 792
③ 795
④ 795

3

훈민정음 창제, 세종실록 편찬, 과학기술 발전 등

4 옥수수

감 상 옥
수 금 라
보 수 당

6

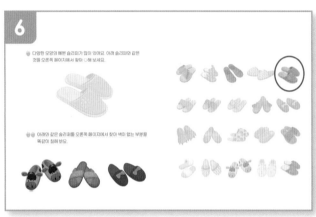

7 ① 행주 ② 주전자 ③ 자라 등

다 행 ①
주 전 자 ②③
라

8

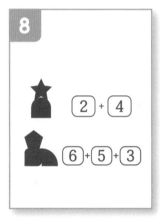

2 + 4

6 + 5 + 3

9

10 고양이

강 고
도 범 마
지 치

11

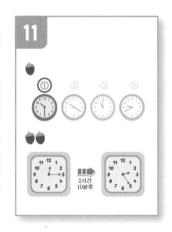

① ② ③ ④

2시간 10분후

12

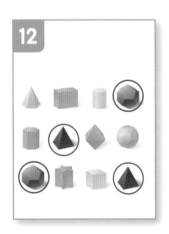

13 전화 → 화장실 → 실수 등

회전
전화
화장실
실수

14 40, 46

31 32 33 34
35 36 37 38
39 41 42 43
44 45 47 48

46 - 40 = 6

15

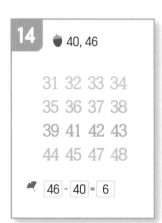

양파전, 양파장아찌, 된장찌개 등

102

2

3

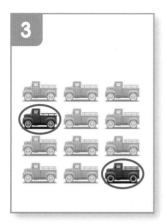

4 🌰 소풍

5

7

🌰 14일
② **토요일**
③ 일요일
④ 20일

8

1. 호 랑 이
2. 완 두 콩
3. 코 스 모 스

9

🌰🌰 4개

10 🌰 시금치

11

20 + 40 + 100 + 40
= 200보

12

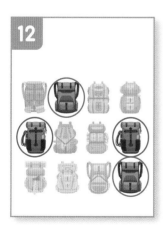

13

① 산수 ② 수채화
③ 화초 등

계	①산	
	②수	채	화
		초

14

🍂 냉장고, 전자레인지 등

15

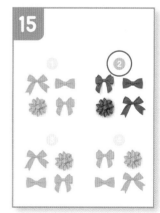

참고자료

<가장 쉬운 탑클래스 치매예방 첫걸음 1, 2> 탑클래스 두뇌발전소 지음, 동양북스, 2022

<뇌내혁명> 하루야마 시게오 지음, 오시언 번역, 중앙생활사, 2020

<당신이 플라시보다> 조 디스펜자 지음, 추미란 번역, 샨티, 2016

<스트레스의 힘> 켈리 맥고니걸 지음, 신예경 번역, 21세기북스, 2015

<왓칭> 김상운 지음, 정신세계사, 2011

<늙는다는 착각> 엘렌 랭어 지음, 변용란 번역, 유노북스, 2022

<미라클> 이송미 지음, 비타북스, 2020

<마음의 기적> 디팩 초프라 지음, 도솔 옮김, 황금부엉이, 2018

<치매예방을 위한 두뇌성형> 권준우 지음, 푸른향기, 2020

<유대인 생각 사전> 김영환 지음, 행;복, 2018

<인디언의 지혜와 잠언> 다봄편집부 지음, 다봄, 2020

<명언의 탄생> 김옥림 지음, 팬덤북스, 2014

<고전명언 마음수업> 임성훈 지음, 스노우폭스북스, 2021

<명언으로 읽는 100명의 인생철학> 김옥림 지음, 창작시대사, 2022

<아들에게 전해주는 인생 명언 365+1> 윤태진 지음, 다연, 2022

<바로보인 도가귀감> 서산대사 지음, 농선 대원선사 번역, 문젠, 2017

<바로보인 유가귀감> 서산대사 지음, 농선 대원선사 번역, 문젠, 2017

https://blog.naver.com/kms7806/222606390582
https://www.onday.or.kr/wp/?cat=3 (따뜻한 하루 감성편지)
https://blog.naver.com/utimegps/70008004901
https://blog.naver.com/stellamaria8/222460349493

인지건강을 위한 두뇌 훈련 _ 가을편 2

초판 인쇄 | 2024년 8월 14일
초판 발행 | 2024년 8월 23일
지은이 | 탑클래스 두뇌발전소·대한치매협회
발행인 | 김태웅
기획 | 김귀찬
편집 | 유난영
디자인 | 디자인플러그
마케팅 | 나재승
제작 | 현대순
발행처 | (주)동양북스
등 록 | 제 2014-000055호
주 소 | 서울시 마포구 동교로22길 14 (04030)
구입 문의 | 전화 (02)337-1737 팩스 (02)334-6624
내용 문의 | 전화 (02)337-1763 이메일 dybooks2@gmail.com

ISBN 979-11-7210-066-7 (03690)